U0030171

黃川祐 —— 插畫

朱玉鳳 —— 著

國際禮儀專家、首位女性禮賓司司長

一 看 就 懂 的
國 際 禮 儀 與 生 活 禮 節

圖解｜禮・儀・OX
100問 (改版)

OX

QA
100

目錄

作者序　12

用餐
禮儀篇

Q1 你坐對了嗎？參加宴會入座時，應該從椅子的哪一邊入座？　17

Q2 在宴客廳，主人應該坐在？　19

Q3 社交場合初次見面時，主賓應該坐在？　21

Q4 在餐桌前就坐之後，何時該把餐巾打開？　23

Q5 餐巾打開之後，該放在？　25

Q6 用餐中途離座時，餐巾應該擺在哪裡？　27

Q7 用餐完畢，餐巾該擺在哪裡？　29

Q8 有朋自遠方來，應該熱情乾杯才盡興？　31

Q9 義大利麵正確的吃法是？　33

Q10 西餐桌上，哪一個是自己的水杯？　35

Q11 宴請外國友人，把在地的特色美食和好酒都端上桌就對了？　37

Q12 在西餐廳，進食完畢時，刀叉該如何擺放？　39

Q13 外國人來台灣和我們一起吃中國餐的時候，該先上湯？
還是按照我們習俗，最後一道上湯？　41

Q14 在西餐廳，面對熱騰騰的湯，應該怎麼喝？　43

Q15 在日式餐廳，握壽司的正確吃法是？　45

Q16 吃握壽司時，山葵醬和醬油的正確使用法是？　47

Q17 吃西式自助餐時，正確的取餐次序是？　49

Q18 吃西式自助餐時，正確的取餐法是？　51

Q19 吃牛排時，應該邊切邊吃，還是全部切完再吃？　53

Q20 西餐的餐刀和叉子由內往外使用？還是由外往內使用？　55

Q21 麵包盤應該放在餐盤的左前方還是右前方？　57

Q22 吃麵包時，用手還是用刀叉？　59

Q23 食用麵包時，奶油的正確抹法是？　61

Q24 進食西餐時，羊排的骨頭或其他的食物殘渣應該放在？　63

Q25 握酒杯的正確方式是？　65

目錄

服裝
禮儀篇

Q26 宴會請帖註明「Elegantly Casual」，男士該穿？　69

Q27 請帖註明「休閒服」（Smart Casual），這時該穿什麼出席？　71

Q28 晚上可以穿著淺色系的西裝嗎？　73

Q29 男士穿單排扣西裝要坐下來時，需要先鬆開鈕扣嗎？　75

Q30 單排扣西裝正確的穿法，站著的時候，最下面的鈕扣要扣嗎？　77

Q31 男士只要準備一套深色西裝，所有正式場合都穿著它
就可以了？　79

Q32 男士西裝左上方的小口袋要放什麼？　81

Q33 國際禮儀的社交場合中，男士的「正式服裝」是指？　83

Q34 因為晚上要參加宴會，女士白天直接穿小禮服去上班，
方便下班後直接去會場？　85

Q35 男士穿著深色皮鞋時，應該搭配淺或深色的襪子？　87

Q36 男士繫領帶時，領帶的長度應該到？　89

Q37 男士出席正式場合時，應該穿著長袖或短袖的襯衫？　91

Q38 女士戴著小禮帽進入室內後，是否要脫帽？　93

Q39 白天出席正式宴會時，女士的穿著該亮眼些？　95

Q40 女士只要準備一雙細跟的名牌高跟鞋，
上班、赴宴都可以穿著它？　97

Q41 女士出席商務正式場合，鞋子應該如何搭配？　99

Q42 女士出席商務正式場合，
耳環、珠寶等配飾應如何搭配？　101

Q43 上班時可以噴香水嗎？　103

Q44 女士上班時，是否應該要化妝？　105

Q45 職場女士的頭髮只要保持乾淨，
樣式、髮色可以隨自己的喜好染燙？　107

Q46 時尚界名人吹起穿夾腳拖的風潮，
為了趕搭流行，也穿著去上班？　109

Q47 台灣的夏天溽熱，女士可以穿著涼鞋去上班？　111

Q48 公司規定的服裝是休閒服（Casual），這時女士可穿著？　113

Q49 上班的場合，女士的裙子應該多長比較合乎禮儀？　115

目錄

Q50 商務拜訪，應該先遞名片，還是先握手？　119

Q51 商務拜訪，大家都已經就坐。
交換名片的時候，應該站起來或是坐著？　121

Q52 交換名片之後，應該把名片放在？　123

Q53 商務往來的客戶來訪，主管與訪客的介紹順序為？　125

Q54 商務拜訪，如果職階相近，要先介紹男性或女性？　127

Q55 介紹之後，如果對方唸錯自己的名字，這時應該怎麼做？　129

Q56 握手的時候，雙眼應該看哪裡？　131

Q57 在職場上，握手時，男士或是女士應先伸出手？　133

Q58 正確的握手禮應該用右手或左手？　135

Q59 與上司同行，應該走在上司的右後方或左後方？　137

Q60 男士和二位女同事同行時，他應該走在？　139

Q61 在職場上，引導訪客至會議室時，走在訪客的前面或後面？ 141

Q62 引導訪客至會議室，讓訪客或自己先走進去？ 143

Q63 訪客離開時，應該送到電梯處或大門口？ 145

Q64 和主管一起外出，搭乘有司機的公務車，位子該怎麼坐？ 147

Q65 搭乘主管開的車時，應該坐在哪裡？ 149

Q66 客戶的公司派主管以及一名祕書來台灣，我們公司主管和助理一起到機場去接機。公司助理開車，座位應該如何安排？ 151

Q67 開車的人是對方公司和你接洽公務的人，又該坐哪裡？ 153

Q68 廠商的茶會交流中，想認識某人時，應該怎麼做？ 155

Q69 與外國客戶在一起時，跟隨歐美文化也直呼對方名字？ 157

Q70 公司內部頒獎的時候，受獎人應該站在主管（頒獎人）的左邊或右邊？ 159

目錄

生活
禮儀篇

Q71 收到禮物時，應該當場拆開嗎？　163

Q72 正式宴會的邀請，用社群軟體通知或寄正式邀請函？　165

Q73 宴會當天，保母臨時請假，這時該怎麼辦？　167

Q74 出席婚禮，為了不搶走新娘的風采，最好避免穿什麼色系的禮服？　169

Q75 婚禮的禮金該怎麼包才不會失禮？　171

Q76 搭車時，女士應該如何優雅地坐進去？　173

Q77 在飛機和高鐵上，坐在靠窗的位置，要經過其他人走出去，應該？　175

Q78 在飛機和高鐵上，坐在靠走道的位置，
要讓內側的人出去時，應該？　177

Q79 出發到熱帶國家旅行，搭飛機時，鞋子如何穿？　179

Q80 帶寵物出外旅遊時，可以一起入住旅館房間？　181

Q81 參觀博物館或美術館時，只要不開閃光燈就可隨意拍照？　183

Q82 在室內音樂廳和表演廳，可隨意拍照或錄影？　185

Q83 入住飯店，可以穿著飯店提供的睡袍或浴衣到餐廳用餐嗎？　187

Q84 入住飯店，只要在自己房間內，小孩在床上跳上跳下、
大聲嬉笑都沒關係？　189

Q85 到餐廳用餐，小孩哭鬧不止，這時應該？ 191

Q86 出國用餐時，小費應該怎麼給？ 193

Q87 入住飯店時，給房務人員的小費應該怎麼給？ 195

Q88 在公共場所，手機響起時，應該接聽嗎？ 197

Q89 打電話時，可以一心二用嗎？ 199

Q90 公司同事的手機響個不停，要幫忙接聽嗎？ 201

Q91 陪同訪客進入電梯時，要先走進去，還是最後再進去？ 203

Q92 生病時，出入公共場所、參加會議，都戴著口罩？ 205

Q93 騎自行車時，不用遵守車道的方向？ 207

Q94 騎自行車應該從行人的左邊或右邊經過？ 209

Q95 搭乘捷運或其他交通工具時，只要不妨礙別人，坐姿應該？ 211

Q96 在捷運或公車等大眾運輸工具上，可以化妝或補妝？ 213

Q97 搭電梯時，應該要禮讓朋友先進去？ 215

Q98 進入電梯，應該面向其他人還是電梯門？ 217

Q99 男士與女士一同上樓梯時，男士應該走在女士的前方或後方？ 219

Q100 男士與女士一同下樓梯時，男士應該走在女士的前方或後方？ 221

作者序

　　有禮的人總是讓人感覺如沐春風，我們也樂意和有禮的人在一起，只是有時候，不免會質疑到底這個動作是否合乎禮呢？

　　「禮儀」是一門行為與態度學，知禮者懂得應對進退，在生活及職場的人際關係佳，而且大都能夠圓融處理問題。我在外交領域三十四年，各種禮儀是每日公務和應酬必用的。自外交部退休後，我仍然勤於研究各種國際禮儀的規範，撰寫《禮貌，你做對了嗎》，由商周出版於2014年出版。之後開始編寫各級教材，在社群媒體上撰寫國際禮儀的趣聞，在電台開講「禮當如此」的節目，在大學教授國際禮儀及跨文化溝通課程。也經常接受公私部門的邀約，演講國際禮儀、社交禮儀、商務禮儀、職場禮儀。有些「禮」還真的需要多費心解釋，方能明白。基於此，商周出版與我協商之後，再力推「圖解」的禮儀書出

版，期待以「看圖解文」的方式，讓讀者更容易明白與表現正確的禮儀規範。

　　本書收集社會大眾在日常生活中、職場上經常有疑惑的，或常犯的失禮行為；先拋出問題，讓讀者選答，再給予正確的解說；並輔以圖像釋疑。全書圖文並茂，而不僅是文字說禮。因為是我們日常生活中經常遇到的問題，讀者們對照圖文解說之後，會有「原來如此」豁然開悟之感。

　　本書出版首要感謝商周出版的黃靖卉總編輯構思提議，以及彭子宸編輯收集各種禮儀的問題，讓我就一般人不知不覺中常犯的失禮情況來解答，也感謝繪圖的黃川祐先生，他的繪圖有畫龍點睛的效果，使閱讀本書增加視覺享受。但我們最要感謝的是讀者，因為相信開卷有益，身體力行，大家都想做一個有禮的人。

用餐
禮儀篇

用餐
禮儀篇

　　吃飯是一件大事，尤其當我們和別人一起用餐，無論是社交的場合，還是商務的場合，別人都會有意無意間打量我們的用餐禮儀。如果一個人的能力很強，但是基本的餐桌禮儀表現得不如預期，在別人心目中原本的良好形象就會打了很大的折扣。用餐禮儀並不是很複雜，只是我們有沒有注意而已。在用餐禮儀篇，我列入平常容易產生疑惑，甚至不知不覺中犯錯的一些用餐問題，包括基本的用餐禮儀，例如主人和主賓坐的位置、餐巾應該如何正確使用、如何確認自己的餐具、吃各國風味餐的一些基本禮儀、外國人來台灣的時候，我們該如何招待吃飯、葡萄酒的握杯方式等等，這些我們只有靠學習才能夠明白。本篇利用圖示並配合言簡意賅的說明，讓讀者容易記住。好的餐桌禮儀能提升我們的專業形象，大家共同來學習吧！

Q1

你坐對了嗎？參加宴會入座時，應該從椅子的哪一邊入座？

A | 左邊。　　　　　B | 右邊。

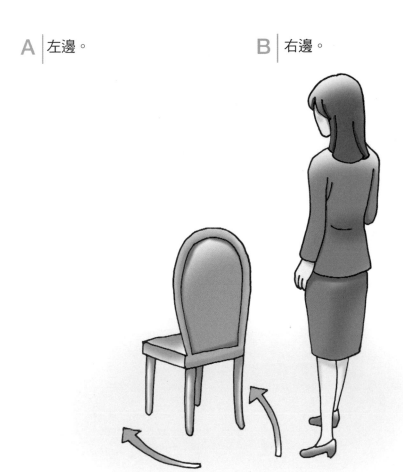

1
Answer

B

參加宴會入座時,無論進或出,都應該從**椅子的右方入出**。

國際禮儀講究**尊右**的原則。西方國家的座次是男女分坐。在社交場合,男士們講究紳士風度,所以紳士們都服務右手邊的女士。女士坐下之前,男士要先將椅子拉出來,方便女士從右邊入座。但是在商業場合或者是職場,男士並不需要如此服務女士,當然有些比較屬於紳士風度的男士們可能願意為女士服務,也受人歡迎。

在宴客廳，主人應該坐在？

A 最靠近門口的位置。

B 最裡面，面對門口的中間位置。

用餐禮儀篇

19

主人坐在最靠近房間入口的位置，便於起身迎送客人。

如果是男女主人，則男主人坐在靠近房間的入口，女主人則位於男主人的對面。男主賓坐在女主人的右手邊，女主賓坐在男主人的右手邊。

社交場合初次見面時，主賓應該坐在？

A | 坐在主人的旁邊，比較好說話。　　B | 坐在主人的對面。

用餐禮儀篇

21

3
Answer

B

初次見面或不是很熟悉的客人，或外交場合，主賓應該坐在主人的對面。如果彼此已經見過很多次了，那麼主人跟主賓之間的關係比較熱絡，這時候可以把主賓的座位安排在主人的右手邊。尤其在商業場合，為了要密談，或者表示沒有距離的熱絡關係，這種比鄰而坐的席次安排非常多見。

西方人參加社交宴會，男女主人是分開坐的，所以男女主賓、陪賓也都是分開坐。如果有外國人出席，則要錯開華人、洋人，如此左右鄰座華、洋間坐，彼此更有交談機會。

安排席次的三大原則：1.夫婦分坐，2.男女分坐，3.華人洋人分坐。

安排席次的三大要訣：1.主人先定位，2.主賓定位，3.陪賓依「尊右原則」排序入座。

Q4

Question

在餐桌前就坐之後，何時該把餐巾打開？

A 坐下來之後，就可以把桌上的餐巾展開。

B 等待主人或女主人先打開餐巾之後，才可以打開。

用餐禮儀篇

23

4
Answer

B

餐桌禮儀最基本的是要尊重主人，所以要等到
主人或女主人，打開了餐巾，象徵即將開始用
餐，我們才可以把餐巾打開。

Question 5

餐巾打開之後，該放在？

A 放在大腿上。　　B 圍在脖子或披在胸前。

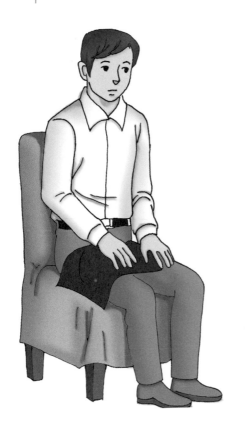

5

餐桌的國際禮儀，餐巾打開後只能放在一個地方，就是大腿上。餐巾太大的時候，要對摺，或者是對角線摺。同時摺口向自己。

餐巾只有一個用途，就是擦拭嘴角，而不是用來擦汗，也不是用來擤鼻涕。

用餐中途離座時，餐巾應該擺在哪裡？

A 放在餐桌上。

B 放在椅子上。

6
Answer

B

用餐中途離座時，餐巾應該擺在椅子上。因為其他人仍在繼續用餐，不希望我們用過的骯髒餐巾被其他人看到，所以餐巾應該放在我們的椅座上。回來的時候，再攤開來放在大腿上面，繼續用餐。

用餐完畢，餐巾該擺在哪裡？

A 放在椅子上。

B 放在餐桌上。

7

Answer

B

用餐完畢將餐巾稍微摺一下，**放在桌子的左方**。因為所有的人都要離開了，髒的餐巾放在桌上，不會再被看到，所以就可把餐巾直接放在桌上，也表示我們已經結束餐會。

酒逢知己千杯少，何況有朋自遠方來，應該熱情乾杯才盡興？

A 外國人來台灣就該入境隨俗，所以我們敬酒乾杯的時候，他們也應該乾杯。

B 要尊重別人。招待外國人或不喝酒的人，僅舉杯示意，不勉強別人。

8

Answer

B

「入境隨俗」的確是國際禮儀的重要的事項，但是喝酒的習慣因人而異，乾杯有時會讓人覺得非常浪費，就不宜期待別人也要入境隨俗。我們應該要了解對外國人而言，酒是佐餐的一部分。因此，他們會慢條斯理地喝，而不會拿來做社交場合的乾杯，增進友誼之用。

在許多正式、非正式的場合，主餐都有義大利麵，正確的吃法是？

A │ 用叉子捲起，放在湯匙入口。　　B │ 用叉子捲起就直接入口。

9
Answer

B

吃義大利麵的時候，很多人都困惑不知應該如何下手。正確的吃法應該是，**用叉子垂直插入義大利麵，捲起一小口，直接放入嘴巴裡面，**不需要再放到湯匙才吃下去。基本上，**西餐的湯匙是喝湯用的，不是用來協助吃其他食物用的。**

西餐桌上，每個位子的前方都三個杯子，
哪一個是水杯呢？

A | 右邊（最外側）。   B | 左邊（最內側）。

用餐禮儀篇

10
Answer

B

西餐桌上餐具非常多，有杯子、刀叉、麵包盤等琳瑯滿目的餐具，彼此之間的座位如果比較擁擠的時候，一不小心就會使用到別人的餐具。因此要記得，**水杯在右前方，主餐刀刀尖上方一英吋的地方。也是圖片標示B杯的位置。**

Question 11

宴請外國友人，把在地的特色美食和好酒
都端上桌就對了？

A │ 台灣的美食世界有名，我們為了表示好客，
各種美食好酒，都應該拿來宴客。

B │ 主人應該事先了解賓客們是不是有各種飲
食的禁忌。

用餐禮儀篇

11
Answer

B

真正用心的主人會注意到客人是否有各種飲食的禁忌，例如宗教禁忌的食物，像回教徒不吃豬肉、不喝酒，印度教徒不吃牛肉，猶太教在週五都不食肉，以及個人健康風險的顧忌、或有過敏原食物的禁忌……等。宴客時，不應該只是專注美食菜餚上，還要留意賓客是否能夠享用這些佳餚好酒。

同時須注意在不同的文化中，美食可能是完全不同的意涵，也許我們認為是美食，但別人可能會覺得是怪食。例如，中式餐廳常有的宴客菜海參、海蜇皮就會嚇到外國人，華人習慣吃的內臟、雞爪、鴨舌等滷味，也容易嚇到外國客人。因此請外國友人吃飯時，要多注意文化的差異。

在西餐廳，進食完畢時，刀叉該如何擺放來示意服務生可以收走盤子？

A | 刀叉斜對擺放。

B | 刀叉放在餐盤右側。

12
Answer

B

當你覺得吃飽了，用餐結束時，不論盤中是否還有食物，根據西餐禮儀的國際通用語言方式，是把刀叉並排放在餐盤的右方，刀緣向內，大約是時鐘10點20分的擺放位置。這時有受過專業服務人員就會知道客人已經用餐結束，可以收走盤子了。而不是把吃完的盤子移到前方，或移放在右邊，這些都不是正確餐桌禮儀喔。

Q13
Question

外國人來台灣和我們一起吃中國餐的時候，該先上湯？還是按照我們習俗，最後一道上湯？

A | 先上湯。

B | 最後一道才上湯。

13
Answer

我們是好客的民族，雖然有「入境問俗」這個大方向，但我們總不忘以客為尊，所以按照西餐的吃法，都是先上湯。現在許多中式餐廳也改良了，用中菜西吃方式。也就是我們所謂的「套餐」。所以如果有外國人在場的話，會建議還是要先喝湯。

Q14

在西餐廳，服務生通常會將湯品分裝好，才端至每位客人桌前，面對熱騰騰的湯該怎麼喝？

A | 先用嘴吹一下或用湯匙攪一攪，讓湯涼了再喝。

B | 用湯匙盛湯的上層較不燙的部分，慢慢喝。

14

Answer

B

西餐禮儀中喝湯的正確方法，是拿起湯匙就像搖船一樣輕輕地搖出去，慢慢地盛起湯碗內最上層的一部分；因為這一部分的湯比較不熱。然後再用湯匙的另一邊，放入口中，優雅地喝湯。用口吹熱湯，或用湯匙攪拌湯品，都是不優雅的行為。

Question

在日式餐廳，握壽司的正確吃法是？

A │ 用魚片的那一面沾醬料。　　　B │ 用飯的那一面沾醬料。

用餐禮儀篇

15

Answer

吃握壽司時，應該要用有魚片的那一面沾醬料。如果用飯的那面來沾醬料，壽司容易糊掉或散了，也會太鹹。吃握壽司的時候要一口吃下去，不要把魚片和醋飯分開，也不要用筷子把握壽司折成小塊再夾來吃。

此外，吃握壽司用筷子或用手都可以；在日本，大部分的人都是用手拿來吃。

吃握壽司時，山葵醬和醬油的正確使用法是？

A | 將山葵醬和醬油攪拌後沾用。

B | 山葵醬和醬油要分開沾用。

47

16
Answer

B

在台灣，經常看到很多人都把醬油跟山葵醬攪混在一起，然後再沾握壽司來吃。其實，吃握壽司的時候，山葵醬和醬油要分開來。而且握壽司通常已經有山葵醬了，所以只要用魚片的那一面沾一點點的醬油就可以了。

吃西式自助餐時，正確的取餐次序是？

A │ 先拿主食。例如牛排、魚排，或麵類，然後再取用湯。

B │ 先取用沙拉或湯品。之後再取用主食牛排、魚排或麵類等主食。

17

Answer

B

吃西式自助餐雖然比較不拘束，但還是要依照西餐的吃法，先吃輕食，例如沙拉或暖胃的湯，之後再去取用主食；這樣的次序比較正確。

一般西餐的上菜次序為：開胃菜→生菜沙拉→湯品→麵包→主餐→甜點→茶或咖啡。

Q18

吃西式自助餐時，正確的取餐法是？

A | 一直走去取菜很麻煩，一次就把所有喜歡吃的菜餚都放在一個盤子，比較省時省力。

B | 一次少量、適量取用，吃完了之後，再去取用。

18
Answer

B 無論是吃中式或西式的自助餐，都要有正確以及優雅的吃相。每一道菜都不應該拿太多，也不可將食物堆滿盤子，要衡量自己能吃多少就拿多少。如果拿取太多的食物，而又沒有吃完，不僅會引人側目，認為我們浪費，也是很失禮的行為。

Q19

吃牛排時，應該邊吃邊切，還是全部切完再吃？

A | 切一小塊，吃一小塊。

B | 全部切完，再一塊一塊吃。

用餐禮儀篇

53

19
Answer

吃牛排時，應該是**左手拿叉，右手拿餐刀**，從牛排的邊緣叉切。歐式的吃法是不換手，直接以左手用叉子將肉放入口中。美式的吃法則是放下餐刀，換右手拿叉子將肉放入口中食用。把牛排全部切完，再一小塊、一小塊地吃，是小孩子的吃法，並不合乎正式的西餐禮儀。

西餐的餐刀和叉子由內往外使用？還是由外往內使用？

A | 由外往內使用。　　　B | 由內往外使用。

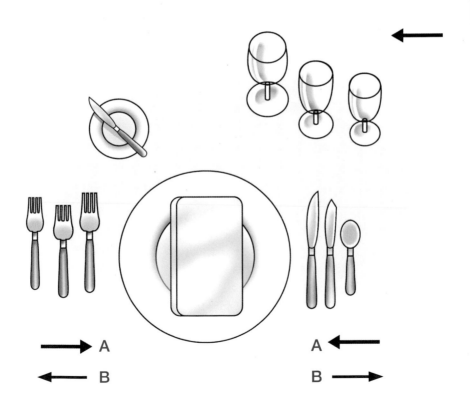

A ➡
B ⬅

A ⬅
B ➡

20
Answer

 西餐的餐具琳瑯滿目,基本的規則其實很簡單,只要記得**從最外緣的餐具往內使用**。叉子在餐盤的左手邊,刀子在餐盤的右手邊。西餐是一道一道上菜,吃完一道後,餐盤與使用過的餐具會被收走。

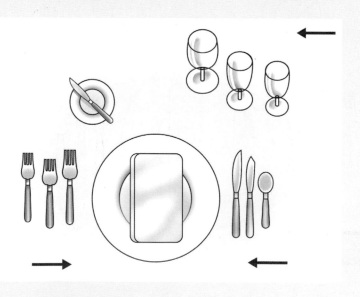

uestion

麵包盤應該放在餐盤的左前方還是右前方？

A 右前方。

B 左前方。

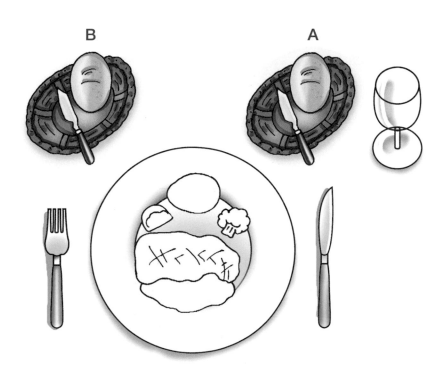

B

A

21
Answer

B

西餐餐具的擺放位置有一定的地方，酒杯和水杯在右前方，麵包盤是在左前方。西方禮儀專家就用英文字BMW來表示：B代表麵包（Bread）在左前方，M代表主食（Meal）在中間，W是代表水（Water）在右前方。

22
Question

吃麵包時，用手還是用刀叉？

| 用手撕一小片、一小片麵包來吃。

| 用奶油刀切來吃。

22
Answer

吃西餐講究西餐禮儀，需要優雅的動作。吃麵包必須是用手撕一片且小口地吃。不是用奶油刀切麵包，也不可以用叉子叉麵包吃。

Q23

食用麵包時，奶油的正確抹法是？

A │ 直接抹在麵包上。

B │ 抹在已經撕下來的
那一小片麵包上。

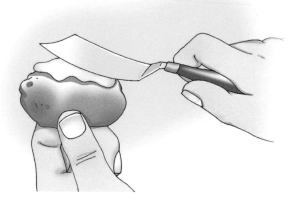

23

Answer

B

塗奶油的時候，並不是把奶油塗在整個麵包上面，而是塗在自己撕下來的那一小塊麵包上面。

Q24

Question

進食西餐時，羊排的骨頭或其他的食物殘渣應該放在？

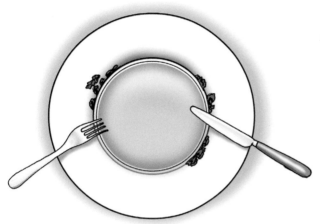

A 大底盤。

用餐禮儀篇

B 在已吃完即將被收走的餐盤上。

24
Answer

B

　　西餐的大底盤（Charger Plate）在各人的正前方，是沙拉盤、湯杯、主菜盤的底座，用來裝飾，因此要保持美觀。在上甜點之前，基本上是不會移動的，也就是當作餐墊來使用。因此，如果有骨頭、魚刺或其他食物的殘渣，應該放在已吃完即將被收走的餐盤上，不應該放在大底盤上面，以免其他人都看到骯髒大底盤，就失禮了。

握酒杯的正確方式是？

A | 用手掌握住杯子。

B | 用手指捏著杯身下的杯桿。

25
Answer

B

酒杯與水杯的拿法是不一樣的。水杯是用手掌握住杯子，香檳杯、紅酒杯、白酒杯都是高腳杯，因此要用手指捏著杯身下方的杯桿。食指的上緣盡量不要碰觸酒杯的杯身，以免手溫影響了酒的溫度。或用拇指和食指捏著杯底也是正確的握杯法。參加宴會場合時，正確的握杯法可展現我們懂得喝酒且表現優雅的禮儀，不妨花點時間練習一下喔。

服裝
禮儀篇

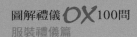

服裝
禮儀篇

「佛要金裝，人要衣裝」，可見服裝不是單純地為了保暖，或者美麗時髦的問題，而是代表一個人的專業形象，以及對他人基本的敬重。 陌生人之間相見，給人的第一印象非常重要，因此除了儀容保持清潔乾淨之外，服裝更是我們給人專業的表徵。在各種場合，穿合適的服裝，是服裝禮儀最基本的要求。因此在服裝禮儀篇，詳列男士西裝的正確穿法。因為在現代的社會，西裝是正式場合裡非常普遍的Dress Code。在其他的場合，如果需要穿休閒服，或者優雅的休閒服，也有正確的規範，並非我們所想像得那麼休閒！此外，女士的穿著也令女士們經常傷腦筋，因此書中也就社交場合及商務場合中，詳述女士該有的專業而且優雅的穿搭。配合圖文的解說，無論男士或者女士對於服裝的禮儀都會有相當的概念。

宴會請帖註明「Elegantly Casual」，男士
該穿？

A │ 西裝。

B │ 雅致休閒服。

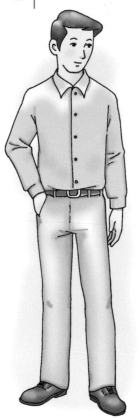

服裝禮儀篇

26

B西裝是Business Suit，嚴格說來是非正式服裝，因為在以前的正式典禮都必須穿上禮服，在日常聚會或辦公時穿的是普通衣著。西裝雖名為非正式服裝，卻必須是同一塊布料剪裁，且同時穿著上裝與長褲，不能任意搭穿。

而Elegantly Casual是雅緻休閒服，指非常有品味的休閒服。雖然不需要打領帶，可以穿Polo衫、牛仔褲，但是仍然要考慮活動的性質，並考慮主人的穿著。如果對於請帖上的Dress code不是很清楚，最好事前詢問清楚，以免到了現場發現自己的穿著和大家格格不入。

Q27
uestion

請帖註明「休閒服」（Smart Casual），
這時該穿什麼出席？

A │ T恤、運動鞋。

B │ 棕色獵裝。

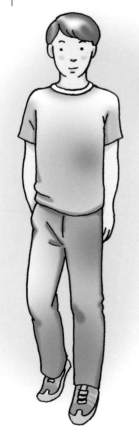

服裝禮儀篇

71

27
Answer

B

歐美對休閒服（Smart Casual）的定義，絕非隨便穿著，尤其有四大禁忌，就是T恤、短褲、拖鞋、運動鞋並不列入所謂的「休閒服」。簡單說，不繫領帶、上裝與長褲可不用同一塊布料或同顏色，但仍需穿皮鞋。例如，可以穿著藍色上衣外套及卡其長褲，可以穿著針織外套、深色的外衣、休閒式襯衫，或是素色圓領衫，牛仔褲不能有缺口或是脫線，而且不能穿運動鞋、短褲。

Q28
uestion

晚上可以穿著淺色系的西裝嗎？

A | 不宜。　　　　　B | 可以。

服裝禮儀篇

73

28
Answer

淺色系列的西裝一般都是白天穿著，但也多以灰色系列為主，而不是其他非常亮眼的淺色系服裝，例如全白色或鵝黃色、淺綠色。晚上無論是社交場合或者商務場合，都應以深色系的西裝為主。

Question

男士穿單排扣西裝要坐下來時，需要先鬆
開鈕扣嗎？

A｜不用。

B｜要把西裝所有的扣子都鬆開。

29
Answer

B

男士穿著單排扣西裝，要坐下來的時候，必須把西裝所有的扣子都鬆開。至於雙排扣西裝的鈕扣，無論是坐下來的時候，或者站起來的時候，都必須扣緊。

單排扣西裝正確的穿法，站著的時候，最下面的鈕扣要扣嗎？

A | 扣緊。

B | 鬆開。

服裝禮儀篇

77

30
Answer

B

許多人穿西裝很講究名牌，卻沒有注意到扣子；這小小扣子的學問確實很大。西裝顧名思義來自西方，沿襲古代騎士的穿法。古代騎士上馬背的時候，最下面的扣子必須打開。

單排扣西裝正確的穿法，站起來、走路的時候，無論有幾顆鈕扣，最下方的一顆扣子都是不扣的。我在國際外交場合，發現外賓們坐下時都會把西裝上衣的鈕扣全鬆開；結束會談起立時，他們第一個動作就是扣上扣子，當然最下方的扣子是不扣的。

Q31

Question

男士只要準備一套深色西裝，所有場合都穿著它就可以了？

A 深色西裝是比較正式的服裝，所以各種正式場合穿著它就沒錯。

B 不行。仍要配合不同的社交場合，穿搭其他各種正式的服裝。

服裝禮儀篇

31
Answer

B

對於歐美國家而言，許多正式的場合都有不同
的服裝準則。在從前，西裝是到辦公室的穿
著，因此並不歸類於正式的服裝。現代大部分
的人穿著不再那麼講究，因此，西裝漸漸變成
職場的正式服裝了。但在社交場合仍然要根據
邀請函的服裝規定來穿著。

Question

男士西裝左上方的小口袋要放什麼？

A | 筆或名片。 B | 小方巾。

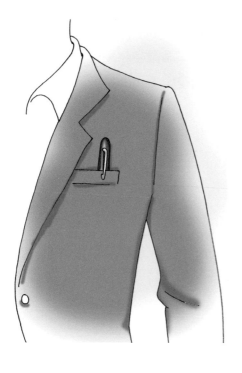

服裝禮儀篇

81

32
Answer

B

很多人把筆或小物品放在西裝左上方的小口袋，其實這個口袋只能放一樣東西，那就是男士手帕或小方巾（Pocket square）。而且小方巾要摺好，只顯示出一個小角。這是源自早期方便男士們洗手後可直接自上衣拉出手帕，擦乾手，不用溼手放進口袋拿手帕。不過演變至今已成純裝飾用途了。其他的筆、名片、手機，這些都可以放在西裝外套的暗袋裡面。

Q33
Question

國際禮儀的社交場合中，男士的「正式服裝」是指？

A 小晚禮服（Black Tie，Tuxedo）。　　**B** 西裝（Business Suit）。

33
Answer

國際禮儀的社交場合中,男士的正式服裝還不少,最正式的是大禮服,又名燕尾服(White Tie);是晚間最正式場合的穿著,如國宴、婚宴。早禮服(Morning Dress)則是日間的禮服,如婚喪典禮、訪問拜會。小晚禮服(Black Tie,Tuxedo)、晚禮服(Evening Dress)、類小晚禮服(Black Tie Optional)等,則多在晚間集會時穿著。西裝 (Business Suit) 則大都在商務場合穿著。

uestion

因為晚上要參加宴會，女士白天直接穿小禮服去上班，方便下班後直接去會場？

A 是的。如此不必先回家再換衣服，可以節省時間，也可避免交通往返的麻煩。

B 不行。在辦公室仍然要穿專業的職場衣著。

34
Answer

B

女士們社交場合的禮服和專業的職場服裝有非常大的區別，不宜為了方便，而忽略辦公室內應有的穿著禮儀。女士們如果為了節省時間，或者避免交通擁擠，不想趕回家換衣服，可以將禮服帶到辦公室，下班換穿禮服之後再到宴會場地。

Question

男士穿著深色皮鞋時，應該搭配淺或深色
的襪子？

A 淺色的襪子。　　　　　B 深色的襪子。

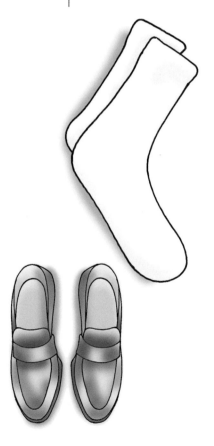

服裝禮儀篇

35
Answer

B

男士的服裝講究整體的美感，包括色系的一致，因此襪子的顏色應該要和皮帶、皮鞋的顏色一致。尤其在西方禮儀而言，襪子的顏色應與皮鞋一致，否則是無法登大雅之堂的。因此穿深色的皮鞋不可以穿淺色的襪子。

Q36
uestion

男士繫領帶時，領帶的長度應該到？

A│剛好接觸皮帶的扣環。　　B│在扣環的上方。

 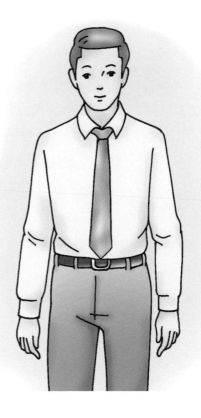

服裝禮儀篇

36
Answer

男士的領帶要剛好接觸到皮帶的扣環，太長或太短，都不太符合標準。男士西裝樸實無華，繫領帶可生色不少，所以領帶可說是男士服裝裡最花俏的裝飾了。根據專業人士的看法，男士們穿衣服要先選領帶的顏色及式樣，再去搭選襯衫與西裝。通常個子高者，可以繫寬廣且較長的領帶；身形矮者，則選用較細而短的領帶。一般人則以寬度3至3.75英吋的領帶較多見。

男士出席正式場合時，應該穿著長袖或短袖的襯衫？

A | 長袖襯衫。

B | 短袖襯衫。

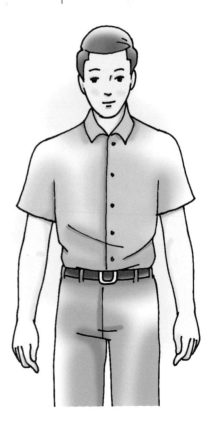

服裝禮儀篇

37
Answer

男士穿西裝時，雖然襯衫穿在裡面，還是應該
要穿長袖襯衫。**而且襯衫的袖長要比西裝外套
的袖長長大約1公分左右，才是正確的穿著。**
襯衫的美麗袖扣也可以顯現。短袖的襯衫是休
閒服（casual），不能在正式的場合穿著。在台
灣因為夏天很炎熱，很多男士會穿短袖襯衫，
再罩上西裝；我從沒看過歐美人士這樣穿。即
使在加勒比海那麼熱的地區，政府機關的男士
們仍是規矩的穿著長袖襯衫。

辦公室內多有冷氣，我建議台灣男士還是應該
穿著正統的長袖襯衫，太熱的話就脫掉西裝外
套，而不是穿短袖襯衫搭西裝。

女士戴著小禮帽進入室內後，是否要脫帽？

A | 一定要脫帽。

B | 如果是服裝的一部分就可以不用脫下帽子。

服裝禮儀篇

38
Answer

B

進到室內，男士一定要將帽子脫下來。但如果
女士的帽子是屬於服裝的一部分，就可以不必
脫下來。

**不過如果女士戴著寬邊的帽子進入教堂、博物
館、音樂廳，就應該要把帽子拿下來，以免擋
了別人的視線。**

Q39

白天出席正式宴會時，女士的穿著該亮眼
些？

A 穿著有金屬亮片材質的禮服。

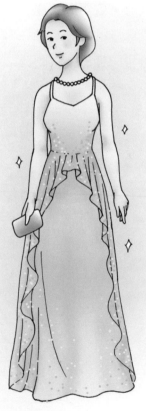

B 沒有亮片、鑲珠質料的及膝
洋裝。

服裝禮儀篇

39
Answer

B

白天室外有陽光，室內有燈光，女士的服裝如果有亮片鑲珠子在白天容易閃爍，會令人感覺不太舒服。要記得，金屬亮片珠子的衣服是晚間的服裝，有些較曝露的衣著也同樣不適日間穿著。白天的社交活動，以中短裙裝較適宜；要注意的是，純社交應酬與職務應酬是不同的，前者可穿亮麗洋裝；後者則以樸素的套裝或洋裝為主。尤其是中午的應酬，下午仍須上班，花俏的洋裝不適用這兩種場合。

Q40

uestion

女士只要準備一雙細跟的名牌高跟鞋，上班、赴宴都可以穿著它？

A 因為很漂亮所以上班、赴宴都穿著它。

B 不行。在社交場合才穿著細跟高跟鞋。

服裝禮儀篇

40

Answer

B

女士在職場以及社交場合的穿著大不同，尤其鞋子是服裝很重要的一部分，因此要看場合搭配穿著。在職場裡，女士是不穿細跟高跟鞋的；大都是在社交的場合，女士才會穿著比較花俏的鞋子。

女士出席商務正式場合，鞋子應該如何搭配？

A 穿露腳趾的高跟涼鞋。　　B 穿包覆腳趾的低跟包鞋。

服裝禮儀篇

41
Answer

B

商務正式場合較為嚴肅，女士的穿著以少露腳部位為宜。女士的上班鞋以包覆腳趾為宜，涼鞋、運動鞋都不宜在嚴肅的辦公室內穿著。

我在舊金山工作時，也學當地職業婦女在上下班途中，走路或搭公車時穿著運動鞋，但一進到辦公室立即換成正式的皮鞋。此外我的辦公室準備有兩雙鞋，一雙是辦公室鞋，另一雙是晚宴鞋，為可能的臨時會議或是餐會而準備。

女士出席正式的商務場合，耳環、珠寶等
配飾應如何搭配？

A│把項鍊、耳環、胸針都掛
　　上，才顯得盛裝。

B│身上的飾品不可超過兩件。

服裝禮儀篇

42

Answer

B

女士出席正式的商務場合時，配戴的珠寶首飾
不宜超過兩件。女士如果是短俏的髮型，配戴
耳環能增加秀氣效果，但不宜戴大型耳環，以
免喧賓奪主成為焦點。項鍊則宜與耳環相配，
以免不協調，反而突兀。我多年經驗，白色珍
珠耳環及項鍊是最適合搭配各種服裝的配件。
胸針可以單獨配戴，但仍需搭配衣服顏色。

Q43
Question

上班時可以噴香水嗎？

A │ 可以。因為香水是用來增
進自己迷人的氣息。

B │ 不行。

服裝禮儀篇

43

Answer

B

香水清香的味道確能令人產生愉快的感覺，但
濃烈的味道卻可能產生反效果。辦公室通常是
密閉空間，而且有些人會對香水敏感，因此上
班最好不要使用香水。晚間宴會活動，才是香
水發揮的空間。

女士上班時，是否應該要化妝？

A │ 應該要化妝。

B │ 不必化妝。

44
Answer

女士上班時最好要化淡妝，不可化濃妝，也不
要太過於素顏，過與不及均不妥。主要的目
的在於修飾自己的容貌，也表達基本的整齊與
禮貌。以前聽說有某位女同事喜歡濃妝，她的
主管每回遠遠見她來了，總想迴避，還不忘玩
笑地說唱戲的來了。可見女士濃妝是會嚇到人
的。

Q45
Question

在職場上，女士的頭髮只要保持乾淨，樣式、髮色可以隨自己的喜好染燙？

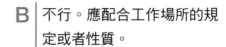

A │ 可以自由隨自己的喜好染燙。

B │ 不行。應配合工作場所的規定或者性質。

45
Answer

B

在職場上就應該要講究與尊重專業的態度，頭髮的樣式、髮色會影響別人對我們專業的觀感，所以應該要配合職場的屬性，而不是跟隨流行隨意染燙。

Q46
uestion

時尚界名人吹起穿夾腳拖的風潮，為了趕搭流行，也穿著去上班？

A 不應該穿著夾腳拖去上班。

B 可以。大家應該都了解是時尚，不是隨便。

服裝禮儀篇

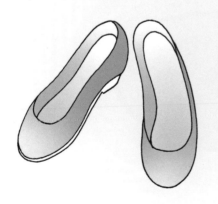 

46
Answer

即使是很漂亮或名牌的夾腳拖，或者正在流行穿夾腳拖，最好都只在私人的地方穿著。上班的場所是屬於較嚴肅的公共空間，不是名流舞台，所以不應該穿著夾腳拖。

uestion

台灣的夏天澳熱，女士可以穿著涼鞋去上班？

A 可以。

B 不行，還是應該穿包鞋或皮鞋。

服裝禮儀篇

47
Answer

B

上班是表現專業的地方，因此穿著也要相對的專業。涼鞋給人休閒的感覺，不適合上班時穿著。台灣天氣炎熱，因此我在辦公場所外，走路或搭車時會穿涼鞋，但一進到辦公室就會立即換成正式的包鞋或皮鞋。

Q48
Question

公司規定的服裝是休閒服（Casual），這時女士可穿著？

A | 短褲。既然是休閒服，可以愈輕鬆愈好。

B | 裙子搭配圓領衫。

48
Answer

B

上班的穿著應該要符合辦公室的服裝，即使公司沒有服裝規定，或者可以穿休閒裝，但短褲不屬於休閒裝。嚴格的說，不應該在公共場合或者辦公室穿著短褲。我剛進外交部時，所接受的國際禮儀是女性不宜穿長褲進辦公室，參加社交活動更不能穿長褲了。但現在社交的定義已不是以往的吃飯聊天，而可能是職務所需的上山下海，所以並不用死守老規範。因此我建議女性讀者，上職場既要穿婉約的套裝衣裙，也要有顯示魄力的套裝衣褲。但辦公室仍然有其嚴肅的一面，不宜穿著短褲。歐美國家對於休閒服的定義，牛仔褲配上圓領衫，或裙子配上圓領衫，都是屬於比較輕鬆的穿著；也不宜太過於暴露的穿著。

上班的場合，女士的裙子應該多長比較合乎禮儀？

A | 不可太短，長度約在膝蓋左右。

B | 在膝蓋以上10公分的地方。

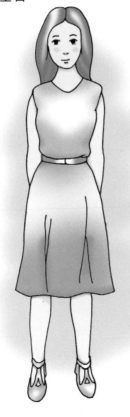

Answer

上班的場所是比較嚴肅的地方，因此女士的裙
長經常是大家的焦點，通常在膝蓋左右。即使
在膝蓋上面，也不宜超過5公分之上，以免顯
得不夠端莊。坐下來如果覺得想要一直拉裙子
的話，那就表示裙子太短了。

職場
禮儀篇

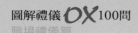

職場
禮儀篇

　　職場是我們展現抱負，發展成功事業的場域。每個人漫長的求學階段，無非就是希望未來在職場中發揮所長，盼望對社會有所貢獻，而且職場的薪資也是家庭經濟的重要來源，所以都力求在職場裡表現優異，能受到賞識，並成功的升遷。但是我們不要以為只是學問好，有能力，技術佳，就能夠達到這些目的。其實更重要的是，我們能夠讓人覺得有信心，有親和力，容易和別人相處，包容別人，尊重他人，有圓融的領導風格，如此我們的能力與技術才能夠發揮。

　　這些人品素養有賴正確的職場禮儀表現。因此在職場禮儀篇，列入一般人容易混淆的應對進退禮儀；包括如何交換名片、商務拜訪的介紹問題、如何正確的握手、和上司，同事，訪客同行，該怎麼走才不會怠慢了對方、共乘時該怎麼坐，才不會把上司、好友或同事當成司機了；在本篇都有正確的解說。

商務拜訪，應該先遞名片，還是先握手？

A 先遞名片。

B 先握手。

50

Answer

B

商務拜訪的時候，應該先和對方握手，表達友誼之後，有必要才交換名片。對於職位高的主管，或者公司的高層，不宜開口向對方要名片。在西方國家如果要主動給名片，要先問對方是否可以給名片。

Q**51**
uestion

商務拜訪，大家都已經就坐，當需要交換
名片的時候，應該站起來或是坐著？

A│應該站起來。

B│坐著，雙手將名
片遞過去。

職場禮儀篇

121

51

交換名片是表示希望多認識對方，名片也代表
對方的身分與地位，因此應該站起來接受名片
或者遞交名片，以表示尊重之意。

交換名片之後,應該把名片放在?

A | 立刻收起來,放進名片夾中。

B | 接過名片要先看一下,再收進名片夾。

職場禮儀篇

52
Answer

B

接收到名片後，一定要禮貌地看一下名片上的名銜，確認對方的名字與了解基本資料，再收進名片夾中。也可以放在桌上，提醒自己記住對方的名字。等會議結束，訪客離開之後再收起。

收到的名片也不應只是躺在名片盒裡的靜物，相反的，名片可以幫我們建立良好的人脈。早期電腦尚未普及時，良好的名片記錄、追蹤、補遺是建立人脈的基本功夫。

商務往來的客戶來訪，主管與訪客的介紹順序為？

A | 將訪客介紹給主管。　　B | 將主管介紹給訪客。

職場禮儀篇

53

Answer

B

應該先將主管介紹給訪客。在商務場合的介紹只有一個原則,將低階的介紹給高階的。如果訪客與主管層級差不多,將主管介紹給訪客。即使訪客的職位比較低,那麼以客為尊,還是應該將主管介紹給訪客。

本題答案B的實際說法是,先講訪客的名字。例如:「黃先生,請容我將我的主管介紹給您。」

在社交場合,介紹的三個原則:一、將男士介紹給女士。二、將年輕的介紹給年長的。三、將位階低的介紹給位階高的。

Q54

uestion

商務拜訪，如果職階相近，要先介紹男性
或女性？

A | 將男士介紹給女士。　　　　B | 將女士介紹給男士。

職場禮儀篇

54
Answer

商務拜訪的介紹，只有一個原則，將低階的介紹給高階的。如果男士與女士的職階相近，一般基於尊重女士的原則，將男士介紹給女士。

本題答案A的實際說法是，要先講女士的名字。例如：「王女士，我可以將白先生介紹給您嗎？」

uestion

介紹之後，如果對方唸錯自己的名字，這時應該怎麼做？

A 為了表示禮貌應該不作聲。

B 語氣委婉說明正確發音。

職場禮儀篇

55

Answer

B特殊名字或特殊發音,為了避免對方會一直唸錯,可以語氣委婉說明正確發音。我在希臘時,接收對方的名片之後,一定會試圖唸一下名字;並請對方糾正我的讀音,就怕那長長一串字母的姓氏,加上幾個拗口的子音連一起,必然讓我的舌頭打結。這種重視對方的舉止,不僅可避免發音錯誤的方式,又可讓對方印象深刻,不失為上策。

Q56
Question

握手的時候，雙眼應該看哪裡？

A | 注視對方的眼睛。

B | 微低頭，注視兩個人的手。

職場禮儀篇

131

56
Answer

握手的時候，眼睛應該要注視對方，微笑，且手要有握緊的感覺。西方人認為握手的時候，彼此的眼神應該要交會，才是比較誠懇的表達。

握手禮普遍用在地球村的各個角落，我們自小握手至今，但不表示我們都把握手禮做好且做對了。比如，透過電視常看到許多政界人物還握著面前這位人士的手，眼睛卻已飄看著下一位，大概有太多人等著和他們握手，希望快速握完那條長長的人龍。

正確的握手禮應該是，雙方伸出右手，姆指張開，手掌虎口相握。這時力道適中，不要過重讓人不適，尤其對方如有戴戒指，千萬不可用力挾，以免壓痛對方。但也不要過輕或僅觸滑對方手指，猶如蜻蜓點水般，這會讓人覺得你是虛應了事，不夠誠意。**握手時，可輕微上下搖一下，另一手自然下垂，不要放在身後，且眼睛要看著對方，略帶微笑。**

uestion

在職場上，握手時，男士或是女士應先伸出手？

A 男士。

B 職場不論男女，位階高者先伸出手。

職場禮儀篇

133

57

Answer

B 在以往，女士們大多只出現在社交的場合，因此為了尊重女士，都是由女士先伸出手來握手。現在男女平等，**在職場上，通常是高階主管（無論男女）先伸出手來握手**，這時應立即握手回禮。如果遇到主管忘了先主動握手，自己也可先表示握手，以避免尷尬或雙方失禮。

Q58

Question

正確的握手禮應該用右手或左手？

A | 左手。 　　　　　B | 右手。

職場禮儀篇

135

58

Answer

B

國際禮儀的握手都是用右手來握手。因為右手是禮儀的手。左手是衛生用途,尤其在使用右手進食的國家,左右手分得很清楚。即使是左撇子,仍然應該用右手來握手。

Question

與上司同行，應該走在上司的右後方或左後方？

A │ 左後。

B │ 右後。

職場禮儀篇

59
Answer

國際禮儀一律採尊右的原則。所以與上司同
行,應該要讓上司走在右邊,我們走在他的左
後方。既不能跟太近,也不可離太遠;如果他
要和我們說話,我們向前一步,就剛好在他的
左邊。這種若即若離的行進方位,表達的是禮
數,也符合尊右的原則。

男士和二位女同事同行時，他應該走在？

A │ 二位女士的中間。

B │ 二位女士的外側（靠馬路的那一邊）。

職場禮儀篇

60

Answer

B

男士不可以走在二女之間，否則任何一位女士說話時，他無法同時兼顧（看）兩女，因此他要走在兩女的外側，也就是靠近馬路的一邊。

如果是一女二男同行時，女士就要走在兩位男士的中間，這樣不僅女士受到保護，而且她說話時，兩位男士都可望向她。這兩種截然不同的行進禮儀，其實是尊重女士（Lady First）的表徵。

在職場上，引導訪客至會議室時，應該走在訪客的前面或後面？

A 左前方。 B 左後方。

職場禮儀篇

141

61
Answer

在職場上有訪客來公司，一般而言我們容易犯的錯，就是請客人走在前面，但是訪客並不熟悉我們的公司，所以應該由我們在左前方引導。如果只是引導一、兩個訪客，那麼可以走在訪客的左方。如果是引導一群訪客，那麼就要走在訪客的左前方。

引導訪客至會議室，應該讓訪客或自己先
走進去？

A | 訪客。

B | 自己先走進去。

職場禮儀篇

143

62
Answer

B

我們總是以客為尊，因此引導訪客至會議室，常會誤以為要請訪客先進去。其實訪客並不知悉他應該坐在哪一個位置，所以應該自己先走進去，引導訪客到他的坐位，才合乎禮儀。

訪客離開時，應該送到電梯處或大門口？

A｜電梯處。　　　　　　　B｜大門口。

職場禮儀篇

145

63

Answer

B 國際禮儀講究對等的身分，尤其外交禮儀更是如此。但是商務禮儀通常以和客戶往來的關係為主。一般而言，如果訪客的職務（位階）高，應該送到大門口。如果彼此的職務差不多，最好也是送到大門口。如果訪客的職務較低，則可只送到電梯處，但最好仍有公司的同事送對方到大門口。

Question 64

和主管一起外出，搭乘有司機的公務車，
位子該怎麼坐？

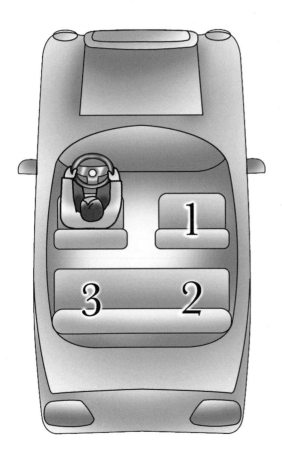

A | 主管坐位子2。
　 | 自己坐位子3。

B | 主管坐位子1。
　 | 自己坐位子2。

職場禮儀篇

147

64
Answer

如果是司機開車的公務車，尊位應該是在司機的斜後方。這個規則適用在左邊駕駛，以及右邊駕駛的國家。我們是左駕的國家，因此要讓主管坐在圖中的位置2，自己則坐在位置3。除了搭公務車，很多時候也搭計程車；與長官一同搭計程車時禮儀也不可忽略，讓長官坐後座，祕書坐前座。

自己　主管

搭乘主管開的車時，應該坐在哪裡？

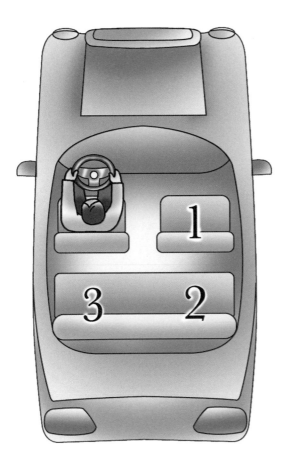

A 位子1。

B 位子2。

職場禮儀篇

65
Answer

如果主管開車時，尊位應該是在副駕駛座，不可以坐在後座。所以我們就應該坐在副駕駛座。這個規則適用在左邊駕駛，以及右邊駕駛的國家。

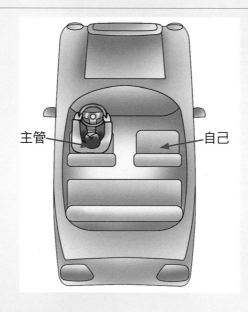

主管　　　　　　　　　自己

Q66

uestion

客戶的公司派主管以及一名祕書來台灣，
我們公司主管和助理一起到機場去接機。
公司助理開車，座位應該如何安排？

A 客戶的公司主管以及
祕書坐後座。

B 客戶公司的祕書坐前
座，客戶公司主管和
我們公司主管坐後
座。

職場禮儀篇

66
Answer

B

客戶來者是客,但是因為有主管及祕書的區別,因此讓對等位置的我們公司助理和對方的祕書坐在前面。我們公司的主管和客戶公司的主管一起坐後座。

開車的人是對方公司和你接洽公務的人，
又該坐哪裡？

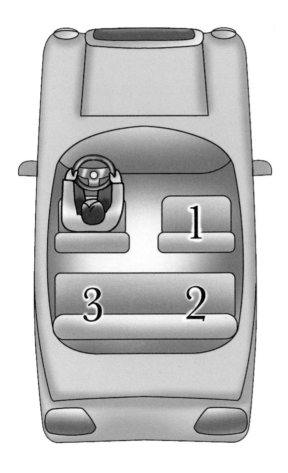

A 位子1。

B 位子2。

職場禮儀篇

67
Answer

如果開車的人是對方公司和我們接洽公務的
人,也就是對等往來的人員;為了表示尊重對
方,應該要坐在他的旁邊,也就是副駕駛座的
位子。

Q68
Question

廠商的茶會交流中,想認識某人時,應該怎麼做?

A | 直接走過去,加入他和其他人的談話。

B | 在旁邊等待合宜的時機,再上前自我介紹。

68
Answer

B 無論任何時候，突然插入別人的談話，是很沒禮貌的行為，會讓人家感覺非常奇怪。當別人在談話時，千萬要有耐心等候他們結束談話，不可逕行插入對話，才合乎禮。

以我自己的經驗來說，我在會場看到目標人物時，我會趨前靠近，但仍保持距離，等到他與別人對話結束，並發現我一直站在旁邊，轉頭向我致意時，我才上前自我介紹。

Question

與外國客戶在一起時，跟隨歐美文化也直呼對方名字？

A | 為了表示親近，就直呼對方名字。

B | 不宜直呼對方名字。

職場禮儀篇

157

69
Answer

B雖然外國人大多以名字稱呼彼此，外國客戶也比較親切，但初次認識時，除非對方表明可以逕呼其名，否則該有的稱謂還是不能省略。即使在美國，除非是辦公室的慣例，不可直呼上司的First name（名字）；除非顧客希望被如此稱呼，否則不可直呼顧客的First name。另外也不可直呼非私人朋友的專業人士First name，例如醫師、律師等。

我在外交部三十餘年，別人介紹我時，通常都會介紹我的官銜與名字；我為了拉近雙方距離，建立友誼，和對方握手之後，就會說：「叫我伊麗莎白就行（Please just call me Elizabeth）。」Elizabeth是我的英文名，也是西方人所稱的First Name。

uestion

公司內部頒獎的時候，受獎人應該站在主
管（頒獎人）的左邊或右邊？

A | 右邊。　　　　　　B | 左邊。

職場禮儀篇

159

70
Answer

根據國際禮儀的尊右原則，**右邊是尊位**。頒獎是為了榮耀受獎人，因此受獎人要在尊位，也就是要讓受獎人站在右邊。但要特別留意右邊的位置，是以講台、舞台、主牆等為主體，面對觀眾席的右手邊，才是國際禮儀所稱的右邊。

生活
禮儀篇

生活
禮儀篇

　　我們盼望生活要有好品質，也希望生活在舒適愉快的環境，但是如果周邊的人不知不覺間冒犯我們，我們心中必然感到很受傷，很挫折。注重生活禮儀的人，會讓自己及其他人感到非常愉快，彼此關係良好，也因此提高了生活品質，懂禮的人處處受歡迎。相對的，生活上不懂禮的人，很容易讓他人感覺不快，甚至引發爭執。本篇概括日常生活中常見的育樂禮儀，例如參加婚慶的送禮、搭乘公共交通工具的禮儀、騎腳踏車的規範，甚至出國搭機及外宿旅館的禮節、出入電梯、上下樓梯的禮貌、小費的問題、參觀藝文表演該懂的禮，以及現代人每天必用的手機和通訊軟體各種潛在的禮儀，利用圖文的說明，希望讀者在日常生活當中，都能注意到這些禮儀，做到讓人喜歡，令人敬重的有禮人士。

Question

收到禮物時,應該當場拆開嗎?

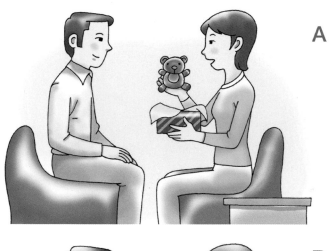

A ｜當場拆開。

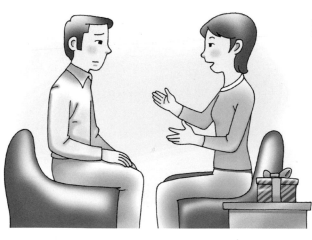

B ｜放置一旁,等客人離開再拆開。

生活禮儀篇

71
Answer

我們受西化的影響，也表現在收受禮物方面。西方人送禮大多是當面送，因為希望看到對方欣喜的表情；這時收禮物的人也要表達驚訝與喜樂。拆開禮物的時候，直接向送禮者表示自己很喜歡，並表達感謝；這是收到禮物時，最基本的禮儀。而當場拆開禮物，彼此就能夠表達這種禮儀。

72
Question

現在臉書、LINE 等通訊軟體很方便，正式宴會的邀請應該

A｜就用流行又方便的臉書訊息或LINE族群通知大家。

B｜寄送正式邀請函。

72

Answer

B

正式宴會的邀請必須要寄送邀請函，以表達主
人對客人的誠意。尤其因為是正式的宴會，邀
請函中會有一些訊息，例如是否需要回函通知
（R.S.V.P. 這是法文慣用語répondez s'il vous
plaît, 請回覆之意。），或是服裝規定（dress
code）。社群軟體往來訊息雖然方便，一般多
用在普通的場合，或者比較非正式的場合。

uestion

宴會當天，保母臨時請假，這時該怎麼辦？

A │ 打電話給主人，告知不克出席。　　B │ 直接帶著小孩前往。

生活禮儀篇

73

Answer

對西方國家而言，緊急事項之一就是保母的情況。因此如果保母臨時請假，可以向主人表達歉意，並直接說明無法參加宴會的原因；主人會諒解的。一般而言，除非邀請函說明可以帶小孩前往，否則不宜直接帶著小孩前往參加宴會。

出席婚禮，為了不搶走新娘的風采，最好避免穿什麼色系的禮服？

A │ 白色。　　　　　　　　B │ 紅色。

生活禮儀篇

169

74

Answer

A
B

A、B都不宜。婚禮當天,新娘的風采最重要,因此最好盡量避免和新娘禮服顏色相同的衣服。在西方國家,新娘大都是穿著白色禮服,因此參加婚禮的賓客多會避免穿著白色的衣服。在台灣,紅色代表喜氣,而參加婚禮是喜事,很多人會穿著鮮艷的紅色衣服,也往往和新娘的紅禮服撞色,其實應該要避免。

Q75

Question

婚禮的禮金該怎麼包才不會失禮？

A | 禮金只是祝賀，只要聊表心意就可。

B | 依宴客場所而斟酌禮金的金額。

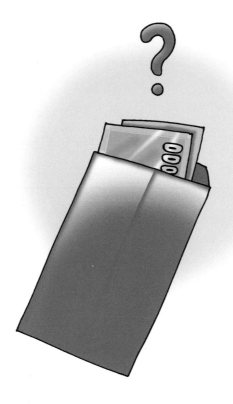

生活禮儀篇

171

75

Answer

B

出席婚禮時，中國人有致送禮金的習俗；建議
要參酌宴客場所的租金行情以及該場所的菜餚
價位，來致送禮金，才合乎禮儀。

西方的婚禮則恰恰好相反，絕對不能送禮金。
這是東西文化的不同，無所謂好壞。但是我們
必須要明白此點，才不至於產生錯誤的送禮。

西方國家的婚禮，以送禮物為主；他們會有新
娘賀禮茶會（Bridal Shower），也是送禮的時
機。有時候新娘會列出來需要的禮物，由賓客
認列購買來致送；通常並不會是金額太大的禮
物。

Q76

搭車時，女士應該如何優雅地坐進去？

A | 女士的頭及身體先進去。

B | 背部向車內，臉孔向外，屈身坐進去。

生活禮儀篇

76
Answer

B

背對著別人是很失禮的，女士們尤其要講究優雅的坐姿，因此搭車時，要將身子微弓、背部向車內，臉孔向外，屈身坐進車子後，再將兩腳縮入。

在飛機和高鐵上，坐在靠窗的位置，要經過其他人走出去，應該？

A｜面對其他人。

B｜背對其他人。

生活禮儀篇

77
Answer

背部、臀部對著別人是很失禮的行為，所以坐在靠窗位置要經過別人走出去時，應該側身面對其他們。

在飛機和高鐵上，坐在靠走道的位置，要讓內側的人出去時，應該？

A ｜ 雙腳往內縮，讓出空間。　　B ｜ 站起身暫離位子，讓出走道。

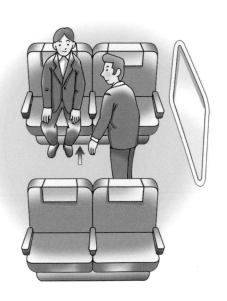

生活禮儀篇

78
Answer

B 坐在靠走道的位置，就要樂意讓內側的人出入方便，而且最好站起身來，先暫離位子，讓出走道，而不是只縮腿後靠。此外伸縮椅背也要顧及後排乘客是否感覺不舒服，總之，禮節就是要做到「己所不欲，勿施於人」。

Q79

Question

出發到熱帶國家旅行，搭飛機時，鞋子如何穿？

A	B
穿涼快又方便的拖鞋，也免得到了當地還要換裝。	穿便鞋（皮鞋）。

生活禮儀篇

79
Answer

B

拖鞋並不適合公共場合，尤其進出各國海關，穿著拖鞋容易使海關人員認為我們太過於隨便，沒有尊重當地國家。搭機時應該要衣著整齊，包括穿著便鞋（皮鞋）。

Q80

uestion

帶寵物出外旅遊時，可以一起入住旅館房間？

A | 可以。

B | 應該先確認旅館是否允許寵物入住。

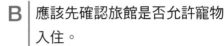

生活禮儀篇

80
Answer

B

許多人以為自己付了房款，只要把寵物帶在自己身邊，待在房內就可一起入住。其實寵物身上的毛髮或味道可能會影響旅館房間的設施，例如貓毛可能容易掉落而黏在床單或地毯上。所以為了避免影響其他客人（有人對貓毛過敏），許多旅館都不允許寵物出入或者住宿。所以入住前一定要詢問清楚，才不會發生到了飯店，寵物卻無法入住的狀況。

Q81
Question

參觀博物館或美術館時，只要不開閃光燈就可隨意拍照？

A 可以。

B 要依照館方的規定。

183

81
Answer

B

世界各地的博物館和美術館各有不同的規定，
並非只要不開閃光燈，不影響到他人，就可以
隨意拍照。因此要了解並遵守博物館和美術館
的規定，才不會因違反規定而失禮。另外，還
要注意不能攜帶食物飲料，背包、外套、大衣
須寄放在指定地點；這些除了方便參觀者輕鬆
觀賞之外，更能保護古文物，以免參觀者不小
心碰撞或刮傷那些無法裝框保護的物品。

參觀之禮是要與物品或畫作保持一臂的距離，
那些脆弱的古文物或畫作是經不起每個人碰觸
的。所以要特別遵守不能碰觸文物的規定。

Q82
Question

在室內音樂廳和表演廳，可隨意拍照或錄影？

A │ 可以。

B │ 要依照館方的規定。

82
Answer

B 很多國家的室內音樂廳和表演廳是有歷史的古建築，為保護起見並不允許四處拍照。有表演時，為尊重智慧財產權，也不可錄音或錄影。觀賞表演之前或參觀時，都應該了解並遵守相關規定，才不致於失禮。

入住飯店，可以穿著飯店提供的睡袍或浴衣到餐廳用餐嗎？

A 可以。

B 不可以。

生活禮儀篇

83

Answer

B

不應該穿著飯店所提供的睡袍或浴衣到餐廳用
餐，因為這類衣著不適合在公共場合。只要
走出自己的房間就是公共空間，必須是衣著整
齊，以表示尊重別人。旅客彼此尊重，才能住
宿愉快。

入住飯店，只要在自己房間內，小孩在床上跳上跳下、大聲嬉笑都沒關係？

A │ 在房間內不會影響別人，所以沒關係。

B │ 不可發出太大的吵鬧聲。

生活禮儀篇

84
Answer

B

住在飯店，雖然是在自己的房間，但因為牆壁的隔音效果有限，因此仍然要注意不要讓小孩在床上跳上跳下或大聲嬉笑，以免影響到別人。

在旅館中最失禮的是公私不分，許多人因出門旅遊放鬆心情或興奮過度，忘情地在大廳大聲講話、嬉笑、么喝小孩，或任由小孩到處跑竄，卻忘了飯店大廳是公共場所，容易引來旁人訝異、輕視的目光。

到餐廳用餐，小孩哭鬧不止，這時應該？

A｜小孩本來就會吵，大
家應該可以體諒。

B｜立即制止小孩吵鬧，
並帶（抱）離開餐
廳。

生活禮儀篇

85

Answer

B

餐廳是公共場所，應該要顧慮到其他人的用餐情緒。小孩哭鬧不止，並非每個人都能夠體諒，因此盡量不要帶太小的小孩到餐廳去，也不要放任小孩子在餐廳哭鬧不止，以免引起其他人的側目。

出國用餐時，小費應該怎麼給？

A | 離開時放在餐桌上。

B | 直接拿給服務人員。

生活禮儀篇

86
Answer

入境問俗，在歐美國家大多有給小費的習慣，雖然小費並沒有公定價格，但付小費的時候，仍然要注意到禮儀，不宜將小費直接交給服務人員，而是放在餐桌上，或放入裝著費用的小盤子中，或放在簽帳單的皮夾層裡面。

入住飯店時，給房務人員的小費應該怎麼給？

A 放在枕頭上。

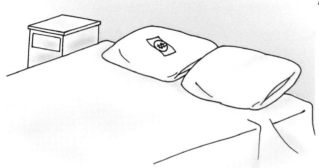

B 等到check out的時候再給。

生活禮儀篇

87

Answer

在旅館內，每天打掃的人員可能不同，因此小費應該放在枕頭上；如果同一房間入住許多天，則每天出門前放在枕頭上。

同時須注意，小費盡量給紙鈔，不要用銅板之類的零錢，以表示尊重之意。

在公共場所，手機響起時，應該接聽嗎？

A 立即接聽。

B 先離開到不會打擾別
人的地方再接聽。

88
Answer

B 在公共場所就要尊重別人的空間，所以撥打手機時要盡量離開人多的地方，以免音量太大影響到別人。

此外也不可在公開場合或公眾地點談論工作內容，在音樂會、電影院、演講廳、博物館、或劇院等場所更要關機，才是合乎禮儀的行為。

Q89
Question

打電話時，可以一心二用嗎？

| A | 反正對方看不見，所以一邊做其他事情，一邊對應也沒關係。 | B | 即使對方看不見，仍然要專心地和對方對答。 |

生活禮儀篇

199

89
Answer

B 講電話的時候，雖然對方看不到我們，但是如果我們不專心，聲音仍然會表現出來。因此打電話時，要當作對方站在我們面前，和我們對話一樣，如此對方一定會感受到我們的專心與誠意。

電話禮儀除了積極的、正面的、溫馨的情緒與態度之外，消極的更要顧慮自己在說話時是否打擾別人，尤其在大辦公室裡，人多、電話多，即使有小隔間，仍然聽得到對方話語，因此控制音量及通話時間就成了基本的禮貌；尤其要避免在電話中高談闊論。

打電話到國外時，更要注意時間差的問題，以免打擾到別人的作息。

Q90

公司同事的手機響不停，要幫忙接聽嗎？

A｜不用。　　　　　　　B｜可能有急事，幫忙接聽一下。

手機是屬於個人的物品，也涉及個人隱私問題，因此建議非經同意，不宜幫人接聽手機。

Q91
Question

陪同訪客進入電梯時，要先走進去，還是最後再進去？

A | 站在外面按著開門鍵，等所有人都進電梯後再進入。

B | 先進去，按著開門鍵。

91
Answer

陪同訪客進入電梯時，應該要站在外面按著開門鍵，讓所有的訪客都進入了以後，自己最後進入。如果只是陪同一位訪客，也是一樣，要在外面按著開門鍵，等訪客進入後，再隨後進入；並站在按鍵板旁邊操控。可能的話應該站在訪客的左邊。

Q92

Question

生病時，出入公共場所、參加會議，都戴著口罩？

A 為了避免傳染別人，隨時隨地都戴著口罩。

B 如果經過醫生確定不會傳染了，就不需要戴口罩。

生活禮儀篇

92
Answer

B 在歐美國家，只有在醫院或有緊急的狀況才會戴口罩，他們認為生病就不應該外出。但是在台灣，戴口罩似乎已經是一般人的習慣了，所以如果有外國人來訪，就要特別注意這類的細節。首先可以向醫生詢問，如果不會再感染了，就不需要戴口罩。如果不確定，那麼就應該要向訪客表達歉意與說明，戴口罩是為了要保護彼此；也是看重對方的來訪，所以戴口罩出席。

騎自行車時，不用遵守車道的方向？

A | 仍然要遵守車道的方向。

B | 只要避開車輛與行人，不用遵守車道的方向。

生活禮儀篇

207

93
Answer

騎自行車時，如果不遵守車道方向，就會需要和車輛、行人爭道，雖然方便，但相對也很危險。因此騎自行車時，仍然要遵守車道的方向。要記得，遵守禮儀就是保護自己最好的方法。

Q94
Question

騎自行車應該從行人的左邊或右邊經過？

A | 行人的右邊。　　　　　B | 行人的左邊。

94
Answer

B

國際上騎自行車通用的禮儀，應該要從行人的
左邊經過。

Q95

搭乘捷運或其他交通工具時,只要不妨礙
別人,坐姿應該?

A │ 可以自在地翹腳。

B │ 還是要端坐,不
可以翹腳。

生活禮儀篇

211

95

Answer

B

搭乘公共交通工具，其實也是如同在公共場所一般，我們仍然要注意自己的坐姿。尤其因為交通工具的空間比較狹小，翹腳容易碰觸到隔鄰的人和經過的人。所以搭乘捷運或公車等大眾交通工具時，還是不宜翹腳。

Question

在捷運或公車等大眾運輸工具上，可以化妝或補妝？

A | 不宜化妝或補妝。

B | 因為趕時間，所以沒關係。

生活禮儀篇

96
Answer

大眾運輸工具（捷運、公車、高鐵、飛機）都
是屬於公共的空間，而化妝或補妝是屬於比較
私密性的動作，不宜在公共場所有這些行為。

Question

搭電梯時，應該要禮讓朋友先進去？

A 為了表示有禮貌，讓其他人
先進去。

B 走在前面者就先進去，無須
禮讓。

生活禮儀篇

215

97
Answer

B

電梯是屬於交通工具，也會有很多人使用。如果朋友之間，在電梯門口客氣禮讓，反而會耽誤到其他已經在電梯內的人。因此和朋友同行搭電梯時，應該先到者先進去。

進入電梯，應該面向其他人還是電梯門？

A | 面向其他人。

B | 應該轉身，面向電梯門。

生活禮儀篇

98

Answer

B

一般而言，電梯空間都不太大，因此進入電梯後，應該避免和別人面對面。

電梯的禮儀，在美國，通常一進入電梯後都會自動地轉身，面對電梯門。在歐洲，可以側身，但臉是向著電梯門的。

Q99
uestion

男士與女士一同上樓梯時，男士應該走在女士的前面或後面？

A | 前面。　　　　　　B | 後方。

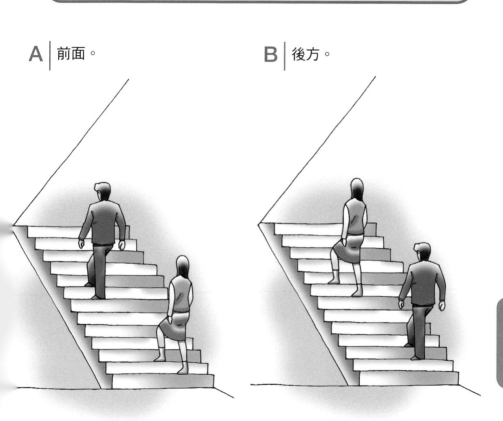

生活禮儀篇

219

99
Answer

B

上樓梯時，應該讓女士先走，男士在後，有安全防護的意味。

男士與女士一同下樓梯時，男士應該走在
女士的前面或後面？

A | 前面。

B | 後方。

生活禮儀篇

100
Answer

下樓梯時，男士應該走在女士的前方。試想，下樓時如果女士在前，在後的男士如果不小心踏空，必然衝撞前面的女士，後果將不堪設想；因此，女士下樓時，宜在男士之後；真有狀況產生，前有強壯男士抵擋。